Beatrix Potter

Beatrix Potter
99 Cliparts Buch Teil 4

15_Cliparts_Ginger.png

von
Elizabeth M. Potter

Inhalt

Bibliografische Information der Deutschen Nationalbibliothek:
Die Deutsche Nationalbibliothek verzeichnet diese Publikation in der Deutschen Nationalbibliografie; detaillierte bibliografische Daten sind im Internet über http://dnb.dnb.de abrufbar.

© 2018 Elizabeth M. Potter 1. Auflage
elizabeth.potter@t-online.de
www.elizabethpotter.de
Facebook
Instagram

Covergrafik, Texte, Bilder, Cliparts: © 2018 Elizabeth M. Potter
Herstellung und Verlag: BoD – Books on Demand, Norderstedt

ISBN: 9783752866070

Die Geschichte von Jemima Watschelente

1_Cliparts_Jemima.png

2_Cliparts_Jemima.png

3_Cliparts_Jemima.png

4_Cliparts_Jemima.png

5_Cliparts_Jemima.png

6_Cliparts_Jemima.png

7_Cliparts_Jemima.png

8_Cliparts_Jemima.png

9_Cliparts_Jemima.png

10_Cliparts_Jemima.png

11_Cliparts_Jemima.png

12_Cliparts_Jemima.png

13_Cliparts_Jemima.png

14_Cliparts_Jemima.png

15_Cliparts_Jemima.png

16_Cliparts_Jemima.png

17_Cliparts_Jemima.png

Die Geschichte von Ginger und Pickles

1_Cliparts_Ginger.png

2_Cliparts_Ginger.png

3_Cliparts_Ginger.png

4_Cliparts_Ginger.png

5_Cliparts_Ginger.png

6_Cliparts_Ginger.png

7_Cliparts_TGinger.png

8_Cliparts_Ginger.png

9_Cliparts_Ginger.png

10_Cliparts_Ginger.png

11_Cliparts_Ginger.png

12_Cliparts_Ginger.png

13_Cliparts_Ginger.png

14_Cliparts_Ginger.png

15_Cliparts_Ginger.png

Die Geschichte von Timmy Zehenspitzen

1_Cliparts_Timmy_Tiptoes.png

2_Cliparts_Timmy_Tiptoes.png

3_Cliparts_Timmy_Tiptoes.png

4_Cliparts_Timmy_Tiptoes.png

5_Cliparts_Timmy_Tiptoes.png

6_Cliparts_Timmy_Tiptoes.png

7_Cliparts_Timmy_Tiptoes.png

8_Cliparts_Timmy_Tiptoes.png

9_Cliparts_Timmy_Tiptoes.png

10_Cliparts_Timmy_Tiptoes.png

11_Cliparts_Timmy_Tiptoes.png

12_Cliparts_Timmy_Tiptoes.png

13_Cliparts_Timmy_Tiptoes.png

14_Cliparts_Timmy_Tiptoes.png

15_Cliparts_Timmy_Tiptoes.png

16_Cliparts_Timmy_Tiptoes.png

17_Cliparts_Timmy_Tiptoes.png

18_Cliparts_Timmy_Tiptoes.png

19_Cliparts_Timmy_Tiptoes.png

Die Geschichte von Pigling Bland

1_Cliparts_Pigling.png

2_Cliparts_Pigling.png

3_Cliparts_Pigling.png

4_Cliparts_Pigling.png

5_Cliparts_Pigling.png

6_Cliparts_Pigling.png

7_Cliparts_Pigling.png

8_Cliparts_Pigling.png

9_Cliparts_Pigling.png

10_Cliparts_Pigling.png

11_Cliparts_Pigling.png

12_Cliparts_Pigling.png

13_Cliparts_Pigling.png

14_Cliparts_Pigling.png

15_Cliparts_Pigling.png

16_Cliparts_Pigling.png

17_Cliparts_Pigling .png

18_Cliparts_Pigling .png

19_Cliparts_Pigling .png

20_Cliparts_Pigling.png

Die Geschichte vom kleinen Schwein Robinson

1_Cliparts_Robinson.png

2_Cliparts_Robinson.png

3_Cliparts_Robinson.png

4_Cliparts_Robinson.png

5_Cliparts_Robinson.png

6_Cliparts_Robinson.png

7_Cliparts_Robinson.png

8_Cliparts_Robinson.png

9_Cliparts_Robinson.png

10_Cliparts_Robinson.png

11_Cliparts_Robinson.png

12_Cliparts_Robinson.png

13_Cliparts_Robinson.png

14_Cliparts_Robinson.png

15_Cliparts_Robinson.png

2. Teil des Links: **AAArpV4k3fWZdEphA5knaCuAa?dl=0**

Appley Dapples Kinderreime

1_Cliparts_Appley.png

2_Cliparts_Appley.png

3_Cliparts_Appley.png

4_Cliparts_Appley.png

5_Cliparts_Appley.png

6_Cliparts_Appley.png

7_Cliparts_Appley.png

8_Cliparts_Appley.png

9_Cliparts_Appley.png

10_Cliparts_Appley.png

11_Cliparts_Appley.png

Hase.png

Hase_auf Fahrrad.png

Hase_trinkt_Tee.png

Peter_Hase_Postbote.png

Clipart Downloadinstruktionen

Bevor du die Instruktionen zum Download der Cliparts liest, bzw. die Cliparts herunterlädst/verwendest, lies bitte zuerst die folgenden Nutzungshinweise für die ordnungsgemäße Verwendung der Cliparts.

Nutzungshinweise für die Verwendung der Cliparts

Die Cliparts wurden von Elizabeth M. Potter erstellt. Bevor du die Cliparts herunterlädst und verwendest, beachte daher bitte das Folgende:

Du kannst die Cliparts für sämtliche deiner privaten Vorhaben oder Projekte wie Präsentationen, Einladungen oder Ähnliches verwenden, aber es ist nicht erlaubt, sie für kommerzielle Zwecke zu nutzen. Möchtest du sie für kommerzielle Zwecke nutzen, so benötigst du vorab eine Erlaubnis von Elizabeth M. Potter (elizabeth.potter@t-online.de).

In diesem Sinne sind Veröffentlichungen, Wiederveröffentlichungen oder Reproduktionen der Cliparts, insbesondere auch des Downloadlinks, durch irgendeinen Service, via Internet oder Grafikservice, ob als Buch, elektronisch oder über irgendwelche andere hier nicht aufgeführte Medien oder Möglichkeiten, ohne vorherige Erlaubnis von Elizabeth M. Potter strengstens untersagt.

- -

Clipart Downloadinstruktionen

Die Cliparts befinden sich in einem Ordner von Dropbox.

Der Zugang hierzu ist durch Eingabe des Downloadlinks in deinen Internetbrowser auf einfache Art möglich. Der Zugriff ist via PC, Smartphone oder Tablet möglich. Die Clipartdateien liegen im png-Format vor. Zur Sicherheit ist der Link in zwei Teile geteilt. Um den kompletten Link eingeben zu können müssen daher die beiden Teile nacheinander ohne Leerzeichen zwischen den beiden Teilen in die Adresszeile des Browsers eingegeben werden.

1. Teil des Links: **https://www.dropbox.com/sh/5lqizjja3wdx6f4/**
2. Teil des Links: findest du auf Seite 20 dieses Buches

Weitere Bücher von Elizabeth M. Potter

GESCHICHTEN VON BEATRIX POTTER:	POSTKARTENBÜCHER:
Die Geschichte von Peter Hase	Peter Hase und seine Eichhörnchenfreunde Teil 1
Die Geschichte vom Eichhörnchen Nutkin	Peter Hase und seine Eichhörnchenfreunde Teil 2
Die Geschichte vom Schneider von Gloucester	Peter Hase und seine Hasenfreunde Teil 1
Die Geschichte von Benjamin Häschen	Peter Hase und seine Hasenfreunde Teil 2
Die Geschichte von den zwei ungezogenen Mäusen	Peter Hase und seine Hasenfreunde Teil 3
Die Geschichte von Frau Tiggy-Winkle	Peter Hase und seine Hundefreunde
Die Geschichte von Duchess, Ribby und den Pasteten	Peter Hase und seine Katzenfreunde Teil 1
Die Geschichte von Herrn Jeremy Fischer	Peter Hase und seine Katzenfreunde Teil 2
Die Geschichte vom bösen Hasen	Peter Hase und seine Mausfreunde Teil 1
Die Geschichte von Frau Moppet	Peter Hase und seine Mausfreunde Teil 2
Die Geschichte von Tom Kätzchen	Peter Hase und seine Mausfreunde Teil 3
Die Geschichte von Jemima Watschelente	Peter Hase und seine Schweinchenfreunde
Die Geschichte von Samuel Whiskers	Peter Hase und seine Waldfreunde
Die Geschichte von den Flopsy Häschen	Peter Hase Weihnachtspostkarten
Die Geschichte von Ginger und Pickles	Peter Hase Osterpostkarten - Postkartenbuch
Die Geschichte von Frau Kleinmaus	NOTIZBÜCHER:
Die Geschichte von Timmy Zehenspitzen	Das Peter Hase Notizbuch
Die Geschichte von Herrn Todd	Beatrix Potter wünscht "Frohe Ostern!" Notizbuch
Die Geschichte von Pigling Bland	Beatrix Potter wünscht "Fröhliche Weihnachten!" Notizbuch
Die Geschichte von Johnny Stadtmaus	Beatrix Potter wünscht "Alles Gute zum Geburtstag!" Notizbuch
Appley Dapplys Kinderreime	Beatrix Potter wünscht "Gute Besserung!" Notizbuch
Cecily Parsleys Kinderreime	Beatrix Potter wünscht "Ein gutes neues Jahr!" Notizbuch
Die Geschichte vom kleinen Schwein Robinson	Die Waldfreunde von Peter Hase Notizbuch
Die Geschichte von den drei kleinen Mäusen	Das Benjamin Häschen Notizbuch
Die Geschichte von der Hasen Weihnachtsfeier	Das Jeremy Fischer Notizbuch
Die Geschichte von Herrn Todd und dem Storch	Das Jemima Watschelente Notizbuch
Die Geschichte von der verschlagenen alten Katze	Das Herr Todd Notizbuch
Die Geschichte von der alten Wandpenduluhr	Das Frau Kleinmaus Notizbuch
Die Geschichte von der treuen Taube	Das Eichhörnchen Nutkin Notizbuch
Die Zauberkarawane (Erscheinung geplant für Sept/Okt 2018)	Das Frau Tiggy-Winkle Notizbuch
Schwester Anne (Erscheinung geplant für Sep/Okt 2018)	Das Tom Kätzchen Notizbuch
NEUE GESCHICHTEN MIT PETER HASE:	Das Timmy Tiptoes Notizbuch
Die Geschichte von Peter Hase und seiner Mama	AUSMALBÜCHER:
Die Geschichte von Peter Hase und seinem Papa	Peter Hase Ausmalbuch
Die Geschichte von Peter Hase und Sammy Eichhörnchen	Beatrix Potter Ausmalbuch Teil 1
Die Geschichte von Peter Hase und Jimmy Backenhörnchen	Beatrix Potter Ausmalbuch Teil 2
Die Geschichte von Peter Hase und die Feen	Beatrix Potter Ausmalbuch Teil 3
Die Geschichte von Peter Hase beim Zirkus	Beatrix Potter Ausmalbuch Teil 4
Die Geschichte von Peter Hase auf dem Bauernhof	Beatrix Potter Ausmalbuch Teil 5
Die Geschichte von Peter Hase und dem Weihnachtsmann	Beatrix Potter Ausmalbuch Teil 6
Die Geschichte von Peter Hase und der Teeparty	Beatrix Potter Ausmalbuch Teil 7
Die Geschichte von Peter Hase auf dem Meer	Beatrix Potter Ausmalbuch Teil 8
Die Geschichte von Peter Hase in der Schule	Beatrix Potter Ausmalbuch Teil 9
Der Peter Hase Geburtstagskalender	Beatrix Potter Ausmalbuch Teil 10
CLIPART BÜCHER:	SONSTIGES:
Beatrix Potter 99 Cliparts Buch Teil 1	Das Peter Hase Passwortbuch
Beatrix Potter 99 Cliparts Buch Teil 2	
Beatrix Potter 99 Cliparts Buch Teil 3	
Beatrix Potter 99 Cliparts Buch Teil 4	

www.ingramcontent.com/pod-product-compliance
Lightning Source LLC
La Vergne TN
LVHW052319060326
832902LV00021B/3984